Schlichter Vortrag

an die Deutschen

über

die Aufgabe des Tages.

Imperium necessario ita instituendum est, ut omnes, tam qui regunt, quam qui reguntur, velint, nolint, id tamen agant, quod communis salutis interest.

Spinoza.

Berlin,
Druck und Verlag von G. Reimer.
1848.

Im Staatswesen kommt es nicht darauf an, neue und glänzende Einfälle zu haben; wäre dies erforderlich, so würden die folgenden Worte nicht ans Licht treten. Haben schon Andre vor uns dasselbe gesagt, desto besser! wir rufen nicht: „Pereant qui ante nos nostra dixerunt!" Neue Schöpfungen, im Reiche der Philosophie und Poesie so hauptsächlich und willkommen, sind in der politischen Welt nicht ohne Vorsicht aufzunehmen, hier ist weit mehr die richtige Erkenntniß und geschickte Anwendung zweckmäßiger Wahrheit am Platz, sollte diese auch allbekannt sein. Der Abt Sieyes hat weit mehr Verdienst und Ruhm von seiner einfachen Aufzeigung und Hervorhebung des Bürger- und Bauernstandes, als von seiner künstlichen Staatsverfassung, die ohne Lebensfähigkeit gleich im Beginn erstickte. Die politische Aufgabe bedarf keines Adlerfluges, ihr genügt ein freies und nahes Schweben über den vorhandenen Thatsachen, ein gewissenhaftes Zusammenfassen der zerstreut umher liegenden Wahrheiten. In diesem Sinne giebt sich unser Vortrag.

Verwirrung und Rathlosigkeit steigen in Deutschland mit jedem Tage, der Zustand der öffentlichen Angelegenheiten wird je länger desto bedenklicher. Während viele Verhältnisse in fortwährender Auflösung begriffen sind, manche in neue Verbindungen treten, spannen sich andre gefahrvoll und drohen zu zerreißen. Es handelt sich jetzt schon weniger um das Maß der Freiheit und um die Formen der Verfassung, durch welche der künftige Zustand geordnet und gesichert werden soll, sondern ein weit höherer Gegenstand steht in Frage, das politische Dasein der Deutschen als einer Gesammtheit, die Bundeseinheit, von der zuletzt auch jene Freiheit und Verfassung ihre beste Kraft und Gewähr zu empfangen hat.

Vereinigung der Deutschen, Einheit von Deutschland, — wie süß klingen seit Jahren diese Worte dem Vaterlandsfreund ins Ohr! Leider jedoch sah es von jeher bei uns mit der Sache mißlich aus, und es scheint, daß wir auch heute nicht so schnell damit aufs Reine kommen. Die Nationalität ist im Allgemeinen bei uns schwer festzuhalten; sie war von den frühesten Zeiten in stetem Flusse und von der Nation selbst oft gar nicht beachtet. Franken und Angelsachsen zogen aus der Heimath fort, mischten sich mit andern Völkern und wurden groß und frei, während Longobarden und Vandalen auf gleichen Wegen sich in der Fremde verloren. Die Schweiz fiel von Deutschland ab, das slawische Böhmen und das gallische Belgien schlossen sich an, Elsaß und Lothringen wurden hingegeben: wo sollen wir anfangen zu rechnen, zu fordern? Eine reine Lösung aus dieser Völkermischung herauszufinden ist nicht möglich; wenn sie nur annähernd gelingt, können wir zufrieden sein. Aber die Nationalität ist auch keineswegs die alleinige Grundlage des Staates, nicht die alleinige und nicht die wesentlichste. Gesetzgenossenschaft und Freiheitsgenossenschaft sind unstreitig höherer Geltung als Stammesverwandtschaft, besonders wenn diese noch vielfach gebrochen und verdunkelt ist. Hieraus erklärt sich zum Theil, daß wir die Stammeseinheit ganze Zeiträume hindurch so vernachlässigt haben. Indeß, wie wenig von jeher unsre Einheit grundsätzlich festgestellt und staatlich durchgeführt worden, ganz aufgegeben haben wir sie doch niemals; das römische Kaiserthum war ein weiter Rahmen für sie, in Zeiten der größten Zerrissenheit wurden immer auch Triebe der Einigung wach, unter dem Drucke der Fremdherrschaft fehlten sie nicht, mit deren Sturze wollte die Nation, ihre Fürsten an der Spitze, mehr als früher in festem Bündnisse vereinigt sein, nach innen und nach außen sich als Gesammtheit wissen.

Diese Gesammtheit war dreiunddreißig Jahre durch den deutschen Bundestag sehr unvollkommen vorgestellt. Wir waren niemals Lobredner dieser hohen Behörde und ihres Wirkens; sie hat ihrer Aufgabe schlecht entsprochen, sie hat die vaterländischen Angelegenheiten unverantwortlich vernachlässigt, die Freiheit der Deutschen, anstatt sie zu vertreten und zu entwickeln, schmählich gehemmt und zerstört; wir wissen das alles, und die harten und gehäuften Anklagen sollen von uns nicht geläugnet werden. Aber der Bundestag war gleichwohl, wir sagen es laut, ein politisches Band von fester Bestimmtheit und Geltung, und das bleibt, wenn auch kein eben großes Verdienst der Leitung, doch ein nicht zu verkennender Werth der Sache; die von diesem Band umschlungenen Staaten und Völker mögen nach innen lose neben einander gelegen haben, nach außen war der Zusammenhang streng gezogen, und die Einheit klar. Diesen Bundestag hat man früher nur schlecht verwaltet und gebraucht, in neuster Zeit aber unbedacht und fahrlässig fallen lassen, grade in dem Augenblicke, wo er recht nützlich sein konnte und zum Guten zu verwenden war. Mit rechtzeitiger Thätigkeit, mit ehrlichen und richtigen Maßnahmen, war er sehr wohl zu retten, und unsres Erachtens bleibt es ein starker Vorwurf, der die deutschen Regierungen trifft, daß sie so voreilig und unnöthig diesen Untergang bewirkt haben. Wie nützlich wäre jetzt jene Behörde zur Verarbeitung und Ausgleichung all der Schwierigkeiten, die zwischen dem Allgemeinen und den Besonderheiten unaufhörlich und immer mißlicher sich erheben, und die jetzt durch vereinzeltes diplomatisches Bemühen weniger gelöst als hingehalten und dadurch vergrößert werden! —

An die Stelle des Bundestages setzte die Nationalversammlung einen provisorischen Reichsverweser mit verantwortlichen Ministern. Die getroffene Wahl erfreute sich was die Person betrifft gerechten Beifalls; die Vergangenheit gab volles Vertrauen in die Gesinnung des Mannes, seine Ehrenhaftigkeit und Selbstwürde fanden auch auf gegnerischer Seite, wo man ein solches Amt überhaupt nicht wollte, bereitwilliges Anerkenntniß.

Doch in Staatssachen sind guter Wille und Redlichkeit, wenn auch unerläßliche Erfordernisse, doch nicht alleinentscheidende Mächte. In den allgemeinen Zuständen, in der bestimmten Lage der Dinge macht sich eine Gewalt geltend, die von dem Willen und Talent der Menschen unabhängig nach eignen Gesetzen verfährt. Nicht der Reichsverweser mit seinen Ministern noch die Nationalversammlung, nicht die Fürsten noch die Völker vermögen die thatsächlichen Verhältnisse zu läugnen oder zu beseitigen, die der Gegenwart aus der Geschichte überkommen sind, und auf deren Grund und aus deren Stoff das neue Volks- und Staatsleben der Deutschen zu errichten ist.

Wir stoßen hier sogleich auf einen Widerspruch, der im Beginn vielleicht klein dünken konnte, mit jedem Vorschritt aber zunehmen und schwieriger werden muß. Der Reichsverweser hat seine namentliche Macht durch den Beschluß der

Nationalversammlung, seine wirkliche dagegen empfängt er von der immerfort erneuerten Zustimmung und Willfährigkeit der einzelnen Staaten, — wir wollen sagen Fürsten, obschon auch freie Städte dabei sind. Da ihm diese letztere Macht nicht wie jene gleich im Ganzen zugesprochen und überliefert werden kann, so ist er in der üblen Lage, für jeden einzelnen Fall sie anzusprechen und gleichsam zu borgen, ungewiß bis zum Augenblicke des Vollzuges ob sein Anlehn bewilligt wird und bis zu welchem Grade. Denn das Dasein und die Selbstständigkeit deutscher Staaten ist eine tiefwurzelnde Thatsache, die sich weder durch Wünsche noch durch Beschlüsse fortschaffen läßt, so wenig wie die große Ungleichheit des Umfanges und der Macht dieser Staaten, aus der sich Folgerungen ergeben, von denen selbst die Träger dieser Macht nicht abstrahiren können, denn selbst das undenkbare freiwillige Aufgeben würde doch nur ein persönliches sein, und ein anderer Träger, in Ermangelung eines Fürsten sogar das Volk, würde sogleich eintreten, um die Selbstständigkeit so lange zu behaupten, bis sie etwan auf dem natürlichen Wege der Geschichte, durch Uebermacht von außen oder innern Verfall, wirklich zu Grunde geht. Daß der Schwache dem Gebote des Starken folgt, besonders wenn dieser eine höhere Berechtigung mit der Stärke verbindet, wird überall und immer als ein richtiges Verhältniß anerkannt, und ein Widerstreben dagegen kann eben nur als ein Versuch gelten, ob die vorausgesetzte Stärke nicht doch vielleicht eine bloß vermeintliche sei. Friedrich der Große hat dies mit Erfolg dem halben Europa gegenüber ausgeführt. Daß aber die über allen Zweifel erhobene Stärke sich dem ausgemacht Schwächern füge, und sich ihm gleichsam darleihe gegen den eignen Vortheil, oder in solchen Fällen, wo die richtige Anwendung des Darlehns noch nicht verbürgt oder schon zweifelhaft ist, — dies Unerhörte dürfen wir von unsrem Zeitalter, wenn auch sonst fruchtbar an wunderlichen Ausgeburten, doch vernünftigerweise nicht erwarten. Die Macht des Reichsverwesers steht also völlig in der Luft, gleich der so mancher früheren Kaiser, die ohne eigne Hausmacht von der Hülfe des Reiches abhängig für dieses wenig Heilsames auszurichten vermochten.

Der Fall, daß die Verwaltung der Reichsmacht nicht unbedingtes Zutrauen einflößt, daß die Maßnahmen der Reichsminister mißbilligt oder bedingt und beaufsichtigt werden, liegt schon jetzt vor Augen; er wird häufiger eintreten und immer größer, jemehr sich die Wirksamkeit der Reichsmacht ausbildet, er selbstständiger und kräftiger die äußern Verhältnisse gegen fremde Staaten oder die innern gegen die eignen Bundesglieder zu ordnen unternimmt. Der Reichsverweser muß dies unternehmen, es liegt in seiner Aufgabe, er kann es nicht ändern, er muß daher immer neuen Widerstreit erregen. Die Folgen aber sind unausbleiblich. Auf diesem Wege wird in unsre Angelegenheiten mehr Uneinigkeit und Stockung, Mißtrauen und Befehdung gebracht, als je vorher darin gewesen. Aus Vaterlandsliebe stehen wir an, das Gemählde der nächstkünftigen Ereignisse, in denen jenes Unheil sich lagern und ausbreiten wird, hier näher aufzustellen; dem einsichtigen Berufenen werden die einzelnen Bilder von selbst vor Augen treten, der Menge und dem Auslande wollen wir sie lieber noch verhüllen! —

Was wird der Reichsverweser gegen solche Uebelstände vermögen? Soll er das Versagte oder Verzögerte dadurch erzwingen, daß er anderweitige Aufgebote versucht, die eben so gut verneint werden können? Und wie, wenn er es mit solchen Staaten zu thun hat, die es mit der Gesammtheit der andern aufnehmen dürfen? Die Truppen, mit denen er seine Vorsätze ausführen will, sind erborgt und können zurückgezogen werden, die Gelder, mit denen er wirthschaftet, bestehen in Bewilligungen abhängig von jedem Tage, die Minister selbst und alle Beamte, durch die er seine Anordnungen verfügt, sind ihm nur zeitweise geliehen, und würden ihre ursprünglichen Verhältnisse schwerlich aufgeben um sich unbedingt den neuen zu widmen. Wer soll diese Lücke ausfüllen, wer das Band zwischen den Einzelstaaten und der Einheitsvertretung so knüpfen, daß es fest und tauglich und ohne zu beschädigen das Gesonderte zusammenhalte? Die Nationalversammlung? Fragt sie, ob sie sich dessen getraue! Sie könnte es vielleicht, aber unter Bedingungen, die sie in ihrer jetzigen Zusammensetzung nie wollen wird. —

Der Mangel der Macht in der deutschen Einheit ist aber ein Unglück nicht nur für diese selbst, er wird mittelbar auch eines für jeden deutschen Staat. Wir haben es nicht mit willenlosen Stoffen, mit willkürlich einzutheilenden Größen, sondern mit dem lebendigen Volksgeiste zu thun, mit den Gedanken und Bestrebungen erregter Menschen, die in ihrem begonnenen Zuge nicht stillstehen, die um jeden Preis ihre Forderungen verfolgen. Die allgemeine Stimmung der Deutschen verlangt gebieterisch deutsche Vereinigung, sie will diese nicht weniger, als sie die freie Verfassung der Einzelstaaten will. In beidem ihr zu genügen, ist unerläßlich. Die Arbeit des erregten Volksgeistes geht unaufhaltsam fort, wo sie nicht schaffen kann, da zersetzt sie. Das Bilden und Gestalten zum Großen und Ganzen ist uns um so nöthiger, als die Nichtbefriedigung der dahin gerichteten Bestrebungen überall zum Verderben führt. Unser Handel und unsre Schiffahrt, unser Zollwesen, die Kirchen- und Schulverhältnisse, ja selbst der scheinbar so feste Kriegsstand, alles steht inmitten der allgemeinen Gährung, verlangt größere Verbindung, läßt sich innerhalb der bisherigen Schranken nicht beruhigen, hegt Keime der Zersetzung, der Verwandlung in sich. Wir können nicht mehr damit ausreichen, freie und selbstständige Hessen, Badener, Mecklenburger, Baiern und Preußen zu sein, wir fühlen tief und mächtig das nicht mehr abzuweisende Bedürfniß, auch als Deutsche eine staatliche Bedeutung, eine große Gemeinschaft des Seins und Wirkens zu haben. Vielleicht möchten Einige dies in Betreff Preußens nicht völlig gelten lassen, aber von den westlichen Landestheilen gilt es gewiß, und das Ganze wird, wenn es dies bleiben will, auch dem Theile gerecht sein müssen.

Die Nationalversammlung in Frankfurt, an und für sich ein Wunder unsrer Zeit und einzig in unsrer Geschichte, hat jenem mächtigen Drange ihre Entstehung zu danken, und ihm hinwieder ihre ganze Thätigkeit gewidmet. Bis jetzt leider nicht glücklich. Die Ernennung eines Reichsverwesers hat den Wirrsal und Zerfall unserer Angelegenheiten nicht geheilt, sondern nur offenbarer gemacht. Die deutsche Einheit ist nicht angenähert, vielmehr entfernt worden, die Einzelstaaten — und nicht nur Preußen, sondern auch Baden, Sachsen, Bremen, — sind auf ihre Eigenständigkeit zurückgeworfen, der Sondergeist ist erwacht und hat erwachen müssen. Die neugeschaffene Reichsmacht ohne Boden ist vom Zweifel schon erschüttert, das erste Beispiel entschieden verweigerter Folgeleistung müßte vernichtend wirken.

Was kann hier geschehen, was bleibt übrig zu thun? da wir unsre Sache, auch wenn wir wollten, nicht aufgeben können, da wir vorwärts müssen? — Wir sehen nur Einen Ausweg, den von Anfang richtigen und leider versäumten; dieser ist, daß Preußen als Haupt der deutschen Sache erscheine, daß die Leitung der Einheit in seine Hand gelegt werde. — Alles was bisher schief und unhaltbar stand, wird dann gerade und fest, alle Schwierigkeiten ebnen sich von selbst, alle Unstatten hören auf, verwandeln sich in Vortheile; die Macht ist dann bei der Macht, sie giebt und leiht anstatt zu borgen, das natürliche Verhältniß reizt den Widerspruch weniger, hat ihn wenigstens nicht als nothwendige Folgerung immerwährend bei sich. —

Preußen? hören wir fragen, und warum denn nicht eben so gut und lieber Oesterreich? — Wir gestehen, diese Frage könnte zu großer und vielleicht in Betreff des Entscheides zweifelhafter Erörterung Anlaß geben, stünde dieser Staat noch in seiner alten Macht und Herrlichkeit da, als ein wo nicht rein doch vorzugsweise deutscher, wären nicht Slawen und andre nichtdeutsche Völker die Mehrzahl seiner Einwohner, hätten nicht sogar die entschieden zu Deutschland gehörigen Länder eine sehr gemischte Bevölkerung, die auch in dieser Mischung noch kaum die Hälfte der Seelenzahl bilden, welche Preußen darbietet. Die gegenwärtige Zerrissenheit Oesterreichs, die schweren Kriege, in denen seine nichtdeutschen Länder befangen sind, die weitern Verwicklungen, welche ihm bevorstehen, und noch Andres nicht zu Nennendes, fallen schwer in Betracht. Genug, Oesterreich kann für jetzt in keiner Weise als deutsche Macht mit Preußen wetteifern wollen; ihm selbst würden im Gegentheil alle Vortheile mit zu Gute kommen, welche für jedes deutsche Land aus der Oberwaltung Preußens folgen müssen.

Wir kennen alle Einwendungen, welche, besonders im südlichen Deutschland, so eifrig gegen Preußen bereit sind, wir wissen wie abgeneigt, wie mißtrauisch viele unsrer Landsleute von Alters her, und auch aus neusten Anlässen wieder, gegen Preußen gestimmt sind. Wir kennen der Vorwürfe genug, denen auch wir beitreten, wir kennen der Uebel genug, die auch wir von jeher getadelt und beklagt haben. Fern liegt uns jede Absicht des Beschönigens, des Vertuschens, wir wollen vor nichts die Augen schließen, und jeder Anklage gerecht sein. Aber wir sagen mit Ueberzeugung, jene Abneigung und jene Vorwürfe treffen mehr die zufälligen Umstände als den Kern des Wesens, mehr die abgeworfene Vergangenheit als die waltende Gegenwart, sie müssen in der nahen Zukunft, die sich stark entfaltet, völlig schwinden. Und so behaupten wir nochmals und mit allem Nachdruck: nur in Preußens Voranstehen sehen wir Heil und Halt für die Einheit Deutschlands! Unsre Zuversicht ist auf innere Nothwendigkeit gegründet, auf thatsächlich Bestehendes, auf wesentliche Verhältnisse, die durch Willkür nicht geändert werden.

Man gehe der Reihe nach alle Beziehungen durch, welche das einheitliche Deutschland haben soll, verfolgen und verarbeiten muß, die der Vertretung und des Schutzes gegen das Ausland, die der gemeinsamen Einrichtung und Gesetzgebung im Innern, überall steigen fast unbezwingliche Schwierigkeiten auf, wenn Preußen nicht an der Spitze steht; alle Schwierigkeiten hingegen lösen sich leicht und verschwinden, sobald ihm die Führung zugesprochen wird; seinem Gange folgen von selbst fünfzehn Millionen Deutsche, wie leicht schließen sich da die andern an! Jemehr aber sie sich anschließen, desto mehr werden auch sie den Gang selber mitbestimmen. Wir könnten noch andere wichtige Gründe, die für Preußen sprechen, hier beibringen, allein wir übergehen sie, weil zwar die erleuchtete Mehrheit unsrer Landsleute uns beistimmen, eine achtbare Minderheit aber vielleicht verletzt sein würde. —

Der jetzige Reichsverweser ist nur für einstweilen ernannt, seine Würde und sein Amt werden mit der Weiterentwicklung der deutschen Verfassung in gesetzlicher Weise aufhören, oder durch neuen Beschluß zu dauernder Geltung erhoben werden. Veränderung und Aushülfe bieten sich daher ohne Schwierigkeit dar. Die Nationalversammlung hat es noch jederzeit in der Hand, den alleinigen Weg einzuschlagen, auf dem ihre Aufgabe wahrhaft zum Heile der Nation zu lösen ist. Wird sie es thun, oder ein unsichres Ziel auf gefahrvoller Bahn in dunkle Weiten hinaus zu verfolgen vorziehen?! —

Zwei Bemerkungen fügen wir noch hier an. Die erste ist, daß Preußen, bisher zurückgeblieben in volksthümlichen Formen, fortan einer der freiesten Staaten in Deutschland sein wird. Allen Anzeichen nach erhält Preußen die freisinnigste Verfassung, ja die Grundlagen einer solchen sind ihm schon ein zugesicherter Besitz. Die Gabe wird um so reicher und vollständiger sein, als sie die Verzugszinsen einer dreißigjährigen Wartezeit in sich trägt, während die früher entstandenen deutschen Verfassungen meist nur den knappen Betrag des damals Unversagbaren und auch diesen nicht ohne starke Abzüge geliefert haben. Preußen bringt daher dem großen Gemeinwesen nicht nur den Beitrag der Macht, sondern auch den der Freiheit.

Die zweite Bemerkung betrifft den König. Wie auch die Meinungen, oft leider unkundig und befangen, oft verführt durch falsche Angaben und böse Deutungen, über diesen Fürsten sich mögen gestellt haben, im Allgemeinen wird jede ehrliche, von Einsicht geleitete Stimme ihm reines Wohlmeinen, hochherzigen Sinn und große Geistesgaben zusprechen; er hat den seltenen Vorzug einer freien und frischen, ja wir dürfen sagen einer liebevollen und daher liebenswürdigen Persönlichkeit, die sich in Glück und Widerwärtigkeiten gleich geblieben ist, und den vollen Ausdruck ihrer Geltung vielleicht noch erwartet. Für den König sprechen beredsamer, als alle Worte es können, die Zuneigung und das Vertrauen, welche sein Volk trotz aller Stürme ihm unverbrüchlich bewahrt und bei wiederholten Anlässen offen dargelegt hat. Das Herz des Volkes hat ihm nie gewankt und wird ihm in der Zukunft nur fester verbunden sein. Er war es auch, der gleich zuerst nach seiner Thronbesteigung den Anfang machte, freiwillig die Bande zu lösen, welche den Volksgeist niederhielten, er gab die ersten Anregungen zu der Entwicklung, die wir dann reißend fortschreiten sahen, und ohne sein Zuthun, wir können es dreist behaupten, wäre der Geist der Freiheit bei uns nicht auf der Stufe, auf der wir ihn jetzt sehen. Er zuerst hat auch die deutsche Sache thatkräftig aufgenommen, ohne Selbstsucht und Vortheil, mit der offnen Erklärung, daß er die Oberstelle nicht anspreche. Blickt umher, und sagt, welcher Fürst mehr für Deutschland gethan hat, zeigt uns den, der ihn an menschlich schönen Eigenschaften überragt, ihm an fürstlichen Erfordernissen der Stellung und Macht gleich kommt! —

Der Schreiber dieser Zeilen, sei es zum Ueberflusse noch gesagt, ist so frei von persönlicher Rücksicht, als schriebe er in Nordamerika; er darf mit Wahrheit sagen, daß der Fürst, den er aus aufrichtigem Herzen preist, nichts von ihm weiß, ihm weder durch Gunst noch Ungunst Anlaß gegeben hat, das Wort zu nehmen. —

Wir schließen mit dem Ausdruck unsrer innigen Ueberzeugung, daß Deutschlands Heil auf Preußen beruht, auf der Führerschaft des Königs. Mögen Andre sehnsüchtig weiter hinaus dem Bilde einer Freiheit zublicken, die einen Verein der Völker ohne Fürsten bewirken und verwalten will, — wir unsrerseits sehen den Zustand der Welt als keine leere Tafel an, in die wir nach Willkür was uns beliebt zeichnen können, wir sehen kein Ländergebiet mit verwischten Gränzen vor uns, das in hundert gleichmäßige Gauen zu zerschneiden wäre. Möge die Zukunft bringen, was sie noch zur Zeit in ihrem Schoße verhüllt; wir werden keiner nothwendigen Gestaltung im Voraus widerstreben. Doch was wir selber zu thun und zu wählen haben, das hat die Gegenwart uns klar hingestellt; je näher wir dem Vorhandenen uns halten, desto leichter und sicherer ist der Erfolg, je mehr wir von jenem ins Weite uns entfernen, desto schwerer und ungewisser wird das zu Erlangende. Ein prophetischer Dichter hat uns vorlängst verkündet: „Es wird eine Zeit kommen, wo man allgemein überzeugt sein wird, daß kein König ohne Republik, und keine Republik ohne König bestehen könne, Republik und Monarchie werden durch eine Unionsakte vereinigt.“ Mögen in dieser Aussicht die noch Andersdenkenden, denen wir brüderlich die Hand bieten, uns die ihre nicht versagen!

FSC
www.fsc.org
MIX
Papier | Fördert
gute Waldnutzung
FSC® C083411

Kolibri 360 GmbH
Ferdinand-Jühlke-Straße 7
99095 Erfurt, Deutschland
produktsicherheit@kolibri360.de